# LA ALEGRÍA DOMÉSTICA DE LAS PLANTAS

✳ EZEQUIEL N. ✳

*Traducción de* Silvio Mignano
*Prólogo de* Adalber Salas Hernández

𝓐
'Alliteration

LA ALEGRÍA DOMÉSTICA DE LAS PLANTAS | EZEQUIEL N.
Traducción de Silvio Mignano
Primera edición: septiembre, 2025

© Ezequiel N.
© Del prólogo: Adalber Salas Hernández
© Alliteratïon Publishing, 2025

www.thealliteration.us

Diseño: Elena Roosen
Portada: Andrea Martínez
Corrección: Félix García
Coordinación editorial: Amayra Velón

ISBN: 979-8-9932429-0-3

# UNA POÉTICA DE MINÚSCULAS: *LA ALEGRÍA DOMÉSTICA DE LAS PLANTAS* DE EZEQUIEL N.

La intimidad está hecha de palabras. Todos lo sabemos. Se trata de palabras parteaguas, que separan el adentro del afuera. A veces se trata de palabras más bien secretas, de nombres íntimos que tenemos para nuestros seres queridos, nuestros objetos, nuestros rituales. En otras ocasiones, se trata de las palabras cotidianas, las que nos permiten sortear el día a día y que, traspasada la frontera de nuestra vida interior, adquieren un nuevo cariz, despliegan matices que sólo nosotros podemos ver.

La poesía de Ezequiel N. consigue una hazaña poco común: comparte con nosotros esa intimidad fabricada con vocablos. Porque hay hazañas comunes, estridentes, jactanciosas. Pero también hay, en una medida singular, hazañas calladas. La lograda por la poesía de Ezequiel pertenece a esta estirpe discreta. Los textos que conforman *La alegría doméstica de las plantas* dibujan los límites de una vida vivida sin el escándalo de la épica, una vida de hondura y detalles repletos de sentido.

Pienso, por ejemplo en el poema que lleva por título *Después de caminar mucho tiempo*:

*Después de caminar mucho tiempo*
*llegamos a la vista*
*de un lago escondido.*
*No pensábamos*

*quedarnos acá.*
*Las hojas dulces*
*de los alerces*
*sobre el agua helada.*
*Una boquita de zorro*
*se dibujó en una nube,*
*sus dientes eran tan suaves.*
*Vos alzaste tu mano*
*con migas de pan*
*y se las llevó el viento.*

La poesía de Ezequiel se nutre del contraste entre el afuera y el adentro. Los paisajes abundan en este libro, pero su vastedad se ve domesticada por la medida de lo humano. Como sucede en *Después de caminar mucho tiempo* –cuyo título, el primer verso, subraya su falta de pretensiones–, la vista del lago, los alerces y las nubes –elementos que, en otras manos darían cuenta de una majestuosidad pretenciosa o un romanticismo trasnochado– rinden su magnitud a la otra, minúscula, de las migas de pan en la palma de una mano. Es un paraje que, de pronto, cabe allí, en esa mano.

De igual manera, un río puede verse contenido por la imagen de una canilla por la que corre el agua, como en el poema *Un río artificial*:

*Junto agua entre las manos*
*para lavarme la cara.*
*La canilla es un río artificial.*
*La cierro y está vacía,*
*la abro y se vuelve a llenar.*
*Manejo este río a mi gusto*
*que ya no cierra más.*
*Las cosas que se rompen*
*llenan otras cosas*
*hasta desbordarlas.*
*¿Será eso la poesía?*

*Hacer algo*
*que se te va de las manos.*

Un río a la medida de lo simplemente humano. Un caudal que, al dañarse, se desborda y llena la vida cotidiana con su poesía transparente, dúctil. Ezequiel es una especie de paisajista inverso: trae el afuera al adentro, los transforma en una misma materia. El contraste, entonces, se resuelve en una suerte de derramamiento: la mínima vida humana, esa suma de detalles dolorosos y gozosos, termina por verterse sin grandilocuencia sobre el paisaje natural o urbano, sobre la cotidianidad, imponiendo su minucia fulgurante.

Tan exenta está de grandilocuencia esta poética de minúsculas, que podemos topar con versos como estos, pertenecientes al poema *Refugio*:

*salí a orinar en la inmensidad*
*y sentí que llenaba*
*todos los lagos helados del sur*

La inmensidad no es devaluada por este gesto –ni por la multitud de gestos similares que llenan *La alegría doméstica de las plantas*–. No hay ridículo aquí. Se trata, más bien, de la integración de los elementos del paisaje a la intimidad del *yo* que se despliega en el libro. Se vuelven elementos naturales de su privacidad. Gestos como estos resuelven la dicotomía entre la vida interior y el espacio exterior, trayendo todo hacia el adentro, haciendo horizontal lo que habíamos aprendido a entender como exclusivamente vertical.

La poética de Ezequiel es subversiva de este modo velado: desarticula jerarquías pertenecientes al discurso poético con la misma sencillez con la que se acerca a los sucesos comunes. Fabrica una intimidad habitable, en cuya extensión podemos reconocernos. Una intimidad hecha de palabras que, en este libro, nos entrega.

Adalber Salas Hernández

# LA ALEGRÍA DOMÉSTICA DE LAS PLANTAS

## *La poesia che mi scriverei se fossi te*

È l'età in cui noi ragazze siamo deformi.
Ti trovi con un braccio più lungo dell'altro,
non impari a correre, ti fanno male
le mammelle e non sai bene
con che faccia guardare Gesù.
Ho raccontato alle mie amiche
che a letto
Ezequiel mi ha solo sfiorato il viso.
È stato come baciare un fantasma. Ezequiel ha detto
parlare con te è andare
su un campo minato
e questo mi ha fatto piangere.
Ho pensato che piangere fosse una cosa normale.
Mi sono fatta delle foto
e le ho mandate alle mie amiche.
Può sembrare che io non sappia stare triste
ma non è vero.
La verità è che non so piangere per lui e ci sono cani
che ho visto piangere meglio di me.
Abbiamo passeggiato tutto il fine settimana,
ci siamo dati la mano quando ci siamo detti ciao.
Lui è rimasto nella piazzetta degli animali
appoggiato alla statua
di una giraffa. Mi sono girata
per vederlo: stirava la mano
per capire quanto fosse alto.
Bassetto, sei bassetto, non arrivi alla metà del collo.

## El poema que me escribiría si fuera vos

Es la edad en que las chicas somos deformes.
Tenés un brazo más largo que el otro,
no aprendés a correr, te duelen
los pechos y no sabés bien
con qué cara mirar a Jesús.
Les conté a mis amigas
que en la cama
Ezequiel sólo me tocó la cara.
Fue como besar un fantasma. Ezequiel dijo
hablar con vos es ir
por un campo minado
y me hizo llorar.
Sentía que estaba bien llorar.
Me saqué fotos
y se las mandé a ellas.
Puede parecer que no sé estar triste
pero no es verdad.
La verdad es que no sé llorar por él y hay perros
que vi que lloran mejor que yo.
Paseamos todo el fin de semana,
nos dimos la mano cuando dijimos chau.
Él se quedó en la placita de los animales
apoyado en la réplica
de una jirafa. Me di la vuelta
para verlo: estiraba la mano
para saber qué tan alto era.
Bajito, sos bajito, no llegás a la mitad del cuello.

## *I tatuaggi*

*Ho letto le poesie dei miei amici e ho sentito
che mi contagiavano di una tristezza idiota
in un modo superficiale,
come quei tatuaggi nelle figurine delle gomme
che si vendono a scuola o quei tatuaggi
di henné sulla spiaggia. Henné.
Eh no.
La risposta degli adolescenti dinanzi a qualunque cosa
all'inizio è negativa.
Diffidano delle apparenze,
non gli piacciono.*

## Los tatuajes

Leí los poemas de mis amigos y sentí
que me contagiaban una tristeza idiota
de un modo superficial,
como esos tatuajes de figuritas de chicles
que se venden en las escuelas o esos tatuajes
de hena en la playa. Hena.
Eh no.
La respuesta de los adolescentes ante cualquier cosa
es primero negativa.
Desconfían de lo aparente,
no les hace gracia.

**Eno**

Quando ho saputo che eri incinta
ho fatto pipì per molti minuti, assorto,
guardando come il liquido riempisse
la tazza del water senza comprendere
che cosa ci fosse dentro il mio corpo
o se fosse il flusso del tuo sangue, la tua itterizia,
che usciva come un fantasma.

Ho saputo che avresti avuto un figlio
mentre ascoltavo una canzone di Brian Eno.
Allora ho compreso che cos'è una canzone:
una successione di silenzi prigionieri
tra alcuni rumori. Anche la vita è questo,
pipì che rimbalza contro un deposito
di acqua stagnante.

Il tuo corpo si rattrappiva nel letto,
in una città inondata,
quando ho saputo che avresti avuto un figlio.
Io giravo attorno alla tua casa.
Volevo liberarmi della maledizione
di dover prendere diciassette birre.
Allora ho sentito piangere il tuo bambino
perché ti eri addormentata sul suo braccio
e lui non aveva le parole
per chiederti di farti da parte.

Ho lasciato l'ultima lattina sulla finestra
e sono andato a cambiar di posto ai mobili, galleggiavano.

**Eno**

Cuando me enteré que estabas embarazada
hice pis durante largos minutos, absorto,
miraba cómo el líquido llenaba
la taza del inodoro sin comprender
qué había dentro de mi cuerpo
o si era el flujo de tu sangre, tu ictericia,
que salía como un fantasma.

Me enteré que ibas a tener un hijo
mientras escuchaba una canción de Brian Eno.
Entonces comprendí lo que era una canción:
una sucesión de silencios atrapados
entre algunos ruidos. La vida también es eso,
pis que golpea contra un depósito
de agua estancada.

Tu cuerpo se encogía en la cama,
en una ciudad inundada,
cuando me enteré que ibas a tener un hijo.
Yo daba vueltas alrededor de tu casa.
Quería librarme de la maldición
de tomar diecisiete cervezas.
Entonces escuché que tu bebé lloraba
porque te habías dormido sobre su brazo
y no tenía las palabras
para pedirte que te hicieras a un lado.

Dejé la última lata sobre la ventana
y me fui a cambiar los muebles de lugar, flotaban.

## Acqua

L'uomo che guardo sta nuotando. Il suo corpo immerso
fa esplodere le montagne. Sa che lo amo
e che indosso quest'abito come da sera
per non saltargli addosso?

Il paesaggio è una cosa informe
dove si sovrappongono rilievi come occhi, declivi.
Nulla si risveglia.

L'uomo è verde; il paesaggio azzurro. La mia ombra ha nostalgia
del suo sguardo che spiega i fenomeni di rifrazione.

L'uomo nuota.
L'uomo che amo sta nuotando.
Lui nuota.
Il vuoto[1].

Questa pagina è come la rete dei miei occhi.
Una lastra di acqua ci separa.

---

[1] Tutta la poesia gioca sul doppio senso, intraducibile, della parola spagnola nada, che può essere la terza persona singolare del verbo nuotare *o il sostantivo* niente, nulla. Si è cercato almeno di lasciare una traccia del gioco di parole nell'assonanza in questi due versi tra nuota e vuoto. Letteralmente la traduzione sarebbe la seguente: Lui nuota. / Il nulla. *(tutte le note, se non diversamente indicato, sono da intendersi del traduttore).*

## Agua

El hombre que miro está nadando. Su cuerpo sumergido
hace estrellar las montañas. ¿Sabe que lo amo
y que visto este traje como de atardecer
para no saltar encima suyo?

El paisaje es una cosa informe
donde se superponen relieves como ojos, declives.
Nada amanece.

El hombre es verde; el paisaje azul. Mi sombra extraña
su mirada que explica los fenómenos de refracción.

El hombre nada.
El hombre que amo está nadando.
Él nada.
El nada.

Esta página es como la red de mis ojos.
Una lámina de agua nos separa.

## Un fiume artificiale

Raccolgo acqua tra le mani
per lavarmi la faccia.
Il rubinetto è un fiume artificiale.
Lo chiudo e resta vuoto,
lo apro e torna a riempirsi.
Gestisco questo fiume come più mi piace
e ormai non chiude più.
Le cose che si rompono
riempiono altre cose
fino a farle debordare.
Sarà questo la poesia?
Fare qualcosa
che ti va via tra le mani.

## Un río artificial

Junto agua entre las manos
para lavarme la cara.
La canilla es un río artificial.
La cierro y está vacía,
la abro y se vuelve a llenar.
Manejo este río a mi gusto
que ya no cierra más.
Las cosas que se rompen
llenan otras cosas
hasta desbordarlas.
¿Será eso la poesía?
Hacer algo
que se te va de las manos.

### Tutte le mattine

David Hockney
disegna fiori nel suo i-pad
e li manda ai suoi amici
talli
che non hanno bisogno del sole
né dell'acqua

o magari sì

il sole
che lo sveglia con un raggetto
tra le persiane
del suo appartamento a Kensington High Street
circondato da negozi di lusso e caffè
e l'acqua fredda del rubinetto
con cui si lava le mani
e si sfrega gli occhi
davanti allo specchio

proprio come
io e te

acqua e sole
è tutto quello di cui abbiamo bisogno
per crescere
e un po' di attenzione
che ci parlino quando ci svegliamo
che ci diano la mano per attraversare la strada
che qualcuno ci dica

## Todas las mañanas

David Hockney
dibuja flores en su i-*pad*
y se las envía a sus amigos
tallos
que no necesitan del sol
ni del agua

o por ahí sí

el sol
que lo despierta con un rayito
entre las persianas
de su departamento de Kensington High Street
rodeado de tiendas lujosas y cafecitos
y el agua fría de la canilla
con la que se lava las manos
y se refriega los ojos
frente al espejo

igual
que vos y yo

agua y sol
es todo lo que necesitamos
para crecer
y un poco de cuidado
que nos hablen cuando despertamos
que nos den la mano para cruzar la calle
que alguien nos diga

in questo luogo sei bellissima
so che ieri è stata una brutta giornata ma oggi
nella tua casella di posta elettronica
hai dei fiori

dagli un po' della tua acqua
illuminali con il tuo sole
si prenderanno cura di te
te lo prometto

*en este lugar estás hermosa*
*sé que ayer fue un día feo pero hoy*
*en tu casilla de mail*
*tenés flores*

*dales de tu agua*
*alumbralas con tu sol*
*ellas van a cuidarte*
*te lo prometo*

***into the wildness***

  tornare in un pullmino
    buio
attraversando la montagna

    non perforandola ma
      scendendo con la dolcezza di un ubriaco
    o di una ninna-nanna

attraversare dicevo
la bruma
tornare
da me stesso

    dentro il bus alcuni ragazzi
    spaventano i resti dell'estate
      la paura di cadere nel burrone
con un po' di cumbia

la ninna-nanna

chiudo gli occhi e non sono
in nessun luogo
di nuovo
fermo davanti al camping
una mucca mi guarda
e mastica
una busta del supermercato

    la cumbia si interrompe
    quando entriamo nella città

**into the wildness**

volver en un colectivo
   oscuro
atravesando la montaña

   no perforarla sino
      bajar con la suavidad de un borracho
  o una canción de cuna

atravesar decía
la bruma
regresar
a mí mismo

   dentro del bondi unos muchachos
   espantan los restos del verano
   el miedo a caer por el barranco
con un poco de cumbia

la canción de cuna

cierro los ojos y estoy
en ningún lugar
de vuelta
parado frente al camping
un vaca me mira
y mastica
una bolsa de supermercado

   la cumbia se detiene
   cuando entramos a la ciudad

*so
che il silenzio passa da dentro*

*nella stazione
qualcuno mi aspetta*

                    sé
que el silencio va por dentro

    en la estación
    alguien me espera

**Prepara l'insalata**

con tre gocce d'olio
d'oliva. Lascia che le foglie
si mescolino — già lo so, l'autunno —,
e schiacciale piano, sollevale
in aria, fa'
tutto questo con una certa grazia
da ragazza da circo. Assaggiala,
prova a mettere le stagioni
sospese
in un ricciolo di vento.
Certe cose
si mescolano solo a caso.

**Prepará la ensalada**

con tres gotas de aceite
de oliva. Dejá que las hojas
se mezclen —ya sé, el otoño—,
y pisalas despacio, levantalas
en el aire, hacé
todo esto con cierta gracia
de chica de circo. Probala,
probá poner las estaciones
suspendidas
en un rizo de viento.
Algunas cosas solo
se mezclan con azar.

### *Giorni fa sono morte le piante del balcone*

guardo quel che resta di loro
uno stelo lungo e giallo
inclinato
poche foglie con macchioline bianche
e la terra dura su cui sembrano dire
non tornerà a crescere la vita

è vero che non mi ricordavo di loro
ed era già tanto se avevo sentito la mia stessa voce
ripetere i passi di una ricetta imparata
accanto alla persiana aperta in un'altra stagione

corro con un bicchiere pieno d'acqua
la luce del sole moltiplica i contorni
nel vetro
mi spiace mi spiace mi spiace
l'eco fantasma con la quale mi perdono

torneranno le foglie verdi e robuste
lo stelo avrà la forza di un Achille
che apre il petto di Ettore con una lancia

la vita è questo
mi spiace mi spiace mi spiace
 gocce di rugiada acqua pulita

metto in ordine le cose
dentro la mia testa copro con la terra
le parti ferite come un animale che si lecca
da solo nel bosco
e aspetto che il silenzio si riempia di fantasie

## Hace días murieron las plantas del balcón

miro lo que queda de ellas
un tallo largo y amarillo
inclinado
unas pocas hojas con manchitas blancas
y la tierra dura sobre la que parecen decir
no volverá a crecer la vida

es verdad que no me acordaba de ellas
y apenas si había escuchado mi propia voz
repitiendo los pasos de una receta aprendida
junto a la persiana abierta en otra estación

corro con un vaso lleno de agua
la luz del sol multiplica los contornos
en el vidrio
*lo siento lo siento lo siento*
el eco fantasma con el que me perdono

volverán las hojas verdes y robustas
el tallo tendrá la fuerza de un Aquiles
abriendo el pecho de Héctor con una lanza

esto es la vida
*lo siento lo siento lo siento*
gotas de rocío agua limpia

pongo las cosas en orden
dentro de mi cabeza cubro de tierra
las partes heridas como un animal que se lame
solo en el bosque
y espero que el silencio se llene de fantasías

*gemma a gemma
chiedo al sole
un po' di clemenza*

brote a brote
le pido al sol
un poco de clemencia

### *uscire dalle poesie d'amore*

come chi esce da una riunione senza che nessuno se ne accorga
i saluti sul tavolo le banconote
resti di una cena nella quale resterò zitto
per poi andare
ma verso dove
i vestiti delle ragazze che ho sognato
sono appesi ogni giorno
alla corda della mia memoria
si asciugano al sole
si bagnano quando piove
nessuno viene a cercarli

**salir de los poemas de amor**

como quien sale de una reunión sin que nadie se dé cuenta
los saludos en la mesa los billetes
restos de una cena en la que permaneceré callado
y luego ir
pero hacia dónde
los vestidos de las chicas que soñé
cuelgan cada día
en la soga de mi memoria
se secan al sol
se mojan cuando llueve
nadie viene a buscarlos

## *Miyó*

*Nelle mattine gelate Miyó
attraversa la spiaggia con gabbiani,
la cartucciera del mare.*

*Spara contro la linea dell'orizzonte
Miyó
in un all-inclusive dell'anima.*

*Rinchiuso, raccoglie pietre bianche, proiettili,
conchiglie e granchi. Lascia tutto
insieme ai vecchi pneumatici e alla carcassa
di una tv. Lascia che le cose
abitino per un po' sé stesse.
La parola burrone, per esempio, si siede
sulla cornice della finestra e da lì
vede arrivare i camion del trasloco.*

*Miyó scrive la parola burrone.
Poi si lava i piedi in una pozza di scarico
e si perde nella nebbia e cammina sulla spiaggia
e non lo infastidiscono le gelate.*

# Miyó

En las mañanas heladas Miyó
atraviesa la playa con gaviotas,
la cajita de balas del mar.

Dispara contra la línea del horizonte
Miyó
en un all-inclusive del alma.

Encerrado, recoge piedras blancas, balas,
caracoles y cangrejos. Deja todo
junto a las gomas viejas y la carcasa
de una tv. Deja que la cosas
se habiten a sí mismas por un rato.

La palabra barranco, por ejemplo, se sienta
sobre el marco de la ventana y desde allí
mira llegar los camiones de mudanza.

Miyó escribe la palabra barranco.
Después se lava los pies en un charco de desagüe
y se pierde en la niebla y camina sobre la playa
y no le molestan las heladas.

**Doccia**

Particelle compongono il paesaggio; non ci sono cielo né montagne,
solo piastrelle marine, luci e ombre e rugiada
su una pianta da appartamento. I vestiti ammucchiati davanti
                                                                               al bagno.
Un ragazzo tra le cose piega il corpo
sotto l'effetto multiforme del tubo.

— l'effetto la pioggia il ragazzo
i vestiti ammucchiati davanti al bagno —

Mentre l'acqua gli cade sulla schiena
una lenta diceria mi ruberà gli occhi, un unico pelo
nella vasca.
Il suo corpo cede. Qualcuno — non io — stende un asciugamano
con il metodo leggero di accarezzare un animale addormentato.

È la nuova diceria.

Il tubo gira sul suo asse. La pianta da appartamento respira
vapori senza brillio, soltanto particelle.

# Ducha

Partículas componen el paisaje: no hay cielo ni montañas,
solo unos azulejos marítimos, luces y sombras y rocío
sobre una planta de interior. La ropa amontonada antes
del baño.
Un chico entre las cosas dobla su cuerpo
bajo el efecto multiforme de la canilla.

—el efecto la lluvia el chico
la ropa amontonada antes del baño—

Mientras el agua caiga sobre su espalda
un lento rumor robará mis ojos, un único pelo
en la bañera.
Su cuerpo cede. Alguien —no yo— alisa una toalla
con el método liviano de acariciar un animal dormido.

Es el nuevo rumor.

La canilla gira sobre su eje. La planta de interior respira
vapores sin brillo, partículas solamente.

## *Il giardino*

Sì, vado a fare una passeggiata. Sì,
a camminare su quei fiori.
Un animale che non ha
un bel nome
come Camila, Claudia o Dolores
guarda la brutta copia della mia faccia. Sì,
mi fermo e voglio che mi osservino
ora quei tipi che non apriranno mai il mio accappatoio.
Un animale bello può chiamarsi
e spingere come il vento. Nessuno
mi ha detto il vento è la tua canzone e ancora
suona l'eco di quei giorni che fuggono sul prato.
Sì
canterò quella canzone
attraverserò il giardino e salterò le reti.

Il mio io tira fuori una domanda come un dente di leone
Ti piacciono i fiori, i vermi?

# El jardín

Sí, voy a dar un paseo. Sí,
a caminar sobre esas flores.
Un animal que no tiene
un nombre hermoso
como Camila, Claudia o Dolores
mira el borrón de mi cara. Sí,
me detengo y quiero que me observen
ahora esos tipos que nunca van a abrir mi bata.
Un animal hermoso puede llamarse
y empujar como el viento. Nadie
me ha dicho el viento es tu canción y todavía
suena en ecos esos días que se alejan sobre el pasto.
Sí
voy a cantar esa canción
a cruzar por el jardín y saltar alambrados.

Mi yo suelta una pregunta como un diente de león
¿Te gustan las flores, los gusanos?

*John*

Sta per piovere
John lo sa

Ha gli occhiali con la montatura di tartaruga
che prima erano miei
all'epoca in cui eravamo centauri

Si spoglia sul balcone
la pioggia lo sequestrerà

Penso alla sua schiena che attraversa
la città di terrazze cavi e giardini
il tunnel taciturno dove abito
dietro le lenti scure

quelle lenti che ho lasciato sul tavolo
insieme a una nota che diceva
tornerò quando la pioggia…

ma John
inzuppato e assetato
capì che mentivo

# John

Está por llover
John lo sabe

Tiene puestos los anteojos de carey
que fueron míos
el tiempo en que fuimos centauros

Se desnuda en el balcón
la lluvia lo secuestrará

Pienso en su espalda atravesando
la ciudad de terrazas cables y jardines
el túnel callado en el que habito
tras los lentes oscuros

esos lentes que dejé sobre la mesa
junto a una nota que decía
*volveré cuando la lluvia…*

pero John
empapado y sediento
supo que mentí

### *Voi potete finire questa poesia per me*

*Sulla lavagna c'è scritto:* Lavorare
ogni giorno perché l'ego
non schiacci la vostra intelligenza.
*Gli studenti disegnano sui tavoli.
Ripeto in silenzio: lavorare ogni giorno…
Quando ero piccolo camminavo
per un viale gelato
da casa a scuola
in una città ancora buia
alle 9 di mattina. Mi ricordo
delle mie scarpe nere che andavano
come scarafaggi sull'asfalto
ghiacciato. Le mani si facevano
rosse per il freddo e avevo
la sensazione di vedere l'osso
delle mie nocche trapassare la pelle.
Adesso vado verso il fondo
dell'aula, una luce gialla e rumori
di autobus e pedoni interrompono
lo sviluppo della lezione. Non ho
niente da insegnargli, credevo
di poter diventare un grande artista.
Lavorare ogni giorno perché il tuo ego
non disprezzi il tuo amor proprio. Andiamo,
l'amor proprio è divertimento,
avanti, pattinate nelle vostre scarpe.
Andiamo,
voi scegliete verso dove
e potete
risolverlo bene,
(sono solo parole).*

## Ustedes pueden terminar este poema por mí

En el pizarrón está escrito: *Trabajar
cada día para que el ego
no aplaste su inteligencia.*
Los estudiantes dibujan sobre las mesas.
Repito en silencio: trabajar cada día…
Cuando era chico caminaba
por una avenida congelada
de casa hacia la escuela
en una ciudad todavía oscura
a las 9am. Me acuerdo
de mis zapatos negros andando
como cucarachas por el asfalto
escarchado. Las manos se ponían
rojas por el frío y tenía
la sensación de poder ver el hueso
de mis nudillos traspasar la piel.
Ahora voy hacia el fondo
del salón, una luz amarilla y ruidos
de colectivos y peatones interrumpen
el desarrollo de la clase. No tengo
nada para enseñarles, creía
que podía llegar a ser un gran artista.
Trabajar cada día para que tu ego
no desprecie tu amor propio. Vamos,
el amor propio es diversión,
adelante, patinen en sus zapatos.
Vamos,
ustedes eligen a dónde
y pueden
resolverlo bien,
(son solo palabras).

*Andiamo,
voi potete
finire questa
poesia per me.*

Vamos,
ustedes pueden
terminar este
poema por mí.

### Dopo aver camminato per molto tempo

siamo arrivati in vista
di un lago nascosto.
Non pensavamo
di fermarci qua.
Le foglie dolci
dei larici
sull'acqua gelata.
Una boccuccia di volpe
si è disegnata su una nuvola,
i suoi denti erano così teneri.
Tu hai alzato la mano
con molliche di pane
e se l'è portate via il vento.

## Después de caminar mucho tiempo

llegamos a la vista
de un lago escondido.
No pensábamos
quedarnos acá.
Las hojas dulces
de los alerces
sobre el agua helada.
Una boquita de zorro
se dibujó en una nube,
sus dientes eran tan suaves.
Vos alzaste tu mano
con migas de pan
y se las llevó el viento.

## *I miei giorni felici*

Con la mia fidanzata abbiamo dipinto i mobili di casa
a colori brillanti sulla terrazza dell'edificio
e poi abbiamo riso di quanto erano venuti brutti
e ci siamo lamentati e abbiamo deciso
che nulla è per sempre

Non voglio più essere giovane
andare alle feste e strapparmi il cuore
a passettini di ballo segreti
a passettini di ballo proibiti
per il corpo nel quale abito.

Immagino allora che sono una stella malinconica
tutta lunare incastonata nelle porte del cielo
ed esprimo un desiderio per il mio io di sotto

>che Ezequiel possa vestirsi da donna senza provar vergogna
>che si metta il rossetto con gli aerosol
>e la brillantina sull'anima
>che la sua barba cresca come un fiume
>e che le sue parole restino nel vento
>che il peronismo vinca le elezioni
>che il prato sia non binario, è ironia,
>che sia prato e nient'altro
>che gli statini dello stipendio vengano con fiori
>e che i pensionati vivano come re

Io non desidero niente per me
Mi diverto a pensare che una volta sono stato triste
e che una poetessa mi disse Sei un uomo di cristallo
Sì

## Mis días felices

Con mi novia pintamos los muebles de la casa
de colores brillantes en la terraza del edificio
y después nos reímos de lo feo que quedan
y nos lamentamos y nos decimos
que nada es para siempre

Ya no quiero ser joven
ir a fiestas a arrancarme el corazón
con pasitos de baile secretos
con pasitos de baile prohibidos
para el cuerpo en el que habito.

Imagino entonces que soy una estrella melancólica
toda lunar enquistada en las puertas del cielo
y pido un deseo para mi yo de abajo

    que Ezequiel pueda vestirse de mujer sin tener vergüenza
    que se pinte los labios con aerosoles
    y el alma con brillantina
    que su barba crezca como un río
    y que sus palabras se queden con el viento
    que el peronismo gane las elecciones
    que el pasto sea no-binario, es irónico,
    que sea pasto y nada más
    que los recibos de sueldos vengan con flores
    y que los jubilados vivan como reyes

Ya no deseo nada para mí
Me divierto pensando que una vez estuve triste
y que una poeta me dijo Sos un hombre de cristal
Sí

*Sono un uomo di cristallo*
*e mi sono rotto*
*Non ho mai voluto essere una dama di ferro*

*Aspiro le schegge*
*do da mangiare alle gatte*
*riordino il letto e la casa*
*accendo una candela e ballo docilmente*
*l'allegria domestica delle piante*

*Sono contento di essere arrivato fin qui*
*Non sono più giovane, ma siamo belli.*

Soy un hombre de cristal
y me rompí
Nunca quise ser una dama de hierro

Aspiro las esquirlas
le doy de comer a las gatas
pongo en orden la cama y la casa
prendo una velita y bailo dócilmente
la alegría doméstica de las plantas

Estoy contento de haber llegado hasta acá
Ya no soy joven, pero somos hermosos.

## Koan zen

*Una volta mi arrampicai sui tetti e nessuno venne in mio aiuto.*
*Non esiste un modo di andarsene senza lasciar traccia.*
*Voglio correre ma mi agito.*
*Nessuno dice quando qualcosa è una buona poesia*
*però sì, è possibile ascoltare*
*continua a provarci.*
*Non puoi sapere quando farai il salto*
*anche se passi tutta la vita in piedi sul bordo*
*o se hai preso lo slancio come una fionda stirata*
*e quando alla fine decidi che è arrivato il momento,*
*che sei stanco di tanto andare all'indietro*
*e che ormai niente può fermarti*
*perché sei nato per questo, allora*
*è meglio che aspetti un altro po'*
*(nessuno può dirti quanto tempo)*
*perché forse non stai saltando dal tetto di casa*
*verso qualcosa di grande come un abisso,*
*magari ti sei soltanto svegliato una mattina*
*pensando che quel giorno sarebbe stato diverso*
*e che qualcuno ti dirà non farlo,*
*ti puoi rompere la testa.*
*Ma tu hai già aspettato abbastanza,*
*hai respirato più di un minuto sott'acqua*
*quasi due*
*e ti rendi conto che non si tratta di saltare*
*nemmeno di andare in avanti o all'indietro,*
*che tutto questo tempo hai resistito.*
*Non ucciderai nessuno perché tu non faresti questo*
*ma semmai quel che dice il koan zen*
*che per essere orientale senza una chiara origine*

# Koan zen

Una vez me trepé a los techos y nadie corrió en mi ayuda.
No existe una forma de irse sin dejar huella.
Quiero correr pero me agito.
Nadie dice cuando algo es un buen poema
pero sí es posible escuchar
seguí intentando.
No podés saber cuándo vas a dar el salto
aunque pases toda tu vida parado sobre el borde
o hayas tomado carrera como una honda que se estira
y cuando finalmente decidas que llegó el momento,
que estás cansado de tanto ir para atrás
y que ya nada puede detenerte
porque naciste para eso, entonces
es mejor que esperés un poco más
(nadie puede decirte cuánto tiempo)
porque quizás no estés saltando desde el techo de tu casa
hacia algo grande como un abismo,
por ahí solamente estás despierto una mañana
pensando que ese día va a ser distinto
y alguien va a decirte no lo hagás,
te vas a romper la cabeza.
Pero vos ya esperaste lo suficiente,
respiraste más de un minuto bajo el agua
casi dos
y te das cuenta de que no se trata de saltar
ni siquiera de ir hacia adelante o hacia arriba,
que todo este tiempo estuviste aguantando.
No vas a matar a alguien porque vos no harías eso
sino lo que dice el koan zen
que por ser oriental y no tener un origen claro

*come il cibo che assapori ogni sera
ti ispira fiducia.*

*Scava più profondo che puoi
finché il pozzo diventi montagna.*

como la comida que saboreás cada noche
te inspira confianza.

Cavá tan profundo como puedas
hasta que el pozo se convierta en montaña.

## Rifugio

arrivammo al rifugio in montagna
che ancora i piedi vibravano
scalzi nella quiete
in cui ci eravamo immersi

già ci si fa notte
hai detto blandamente
ma sembrava che la notte
facesse noi

uscii a orinare nell'immensità
e sentii che riempivo
tutti i laghi gelati del sud

mi riempii il cuore
di pietre
portai nelle pietre
le gelate
mi annaffiai il cuore con l'acqua
di tutti i laghi gelati del sud

addormentandoti hai detto una parola
dolce serena compassata
faceva giorno
in quel pendio benedetto dal Signore

# Refugio

llegamos al refugio en la montaña
cuando los pies todavía vibraban
descalzos en la quietud
donde nos hundimos

ya se nos hace la noche
dijiste blandamente
pero parecía que la noche
nos hacía a nosotros

salí a orinar en la inmensidad
y sentí que llenaba
todos los lagos helados del sur

llené mi corazón
con las piedras
llevé en las piedras
las heladas
regué mi corazón con el agua
de todos los lagos helados del sur

al dormirte dijiste una palabra
suave campante acompasada
amanecía
en esa ladera querida de Dios

### Distorsione

*Il contorno di una montagna sull'ala di un aereo.*
*All'altro capo del telefono, suoni insignificanti*
*come scattare una foto dentro un sogno.*
*La tua voce porta dietro una cattiva compagnia.*
*Questo anche lo chiamano amore.*
*Non voglio svegliarmi nel senso*
*di sapere che siamo per aria,*
*al di là di qualsiasi accidente geografico.*
*Ho dovuto reprimere la mia capacità di dire che cosa mi altera.*
*Ora la via sembra una sera in un bosco innevato.*
*L'auto bianca di freddo sul bordo della strada.*
*Alcuni sedili più avanti*
*mi chiedo se ancora hai paura,*
*avvolta negli auricolari, senza gesti*
*che permettano di capire che cosa ti succede.*
*Tra due ore arriverò da te*
*ma non potrò vederti, come un bambino*
*che resta addormentato*
*nella parte migliore del viaggio.*
*Adesso riscaldo l'acqua per il tè*
*E dimentico di che cosa abbiamo parlato.*

    *Il paradiso è lontano dall'ala congelata.*
    *Ci chiedono calma per situazioni che non avevamo mai*
                                                  *vissuto.*
    *Di rimanere seduti ai nostri posti.*
    *Siamo incapaci d'altro. Ho guardato i tuoi occhi*
    *così da vicino*
    *che sembravano animali stanchi sotto una pioggia fredda.*
    *La pazienza di non poter far altro che questo:*
    *ti sorreggo la testa        mentre dentro di te*

## Distorsión

El contorno de una montaña sobre el ala del avión.
Al otro lado del teléfono, sonidos insignificantes
como sacar una foto dentro de un sueño.
Tu voz arrastra una mala compañía.
A esto también le llaman amor.
No quiero despertar en el sentido
de saber que estamos en el aire,
más allá de cualquier accidente geográfico.
Tuve que encerrar mi capacidad de decir lo que me altera.
Ahora el camino parece una tarde en un bosque nevado.
El auto blanco de frío a un costado de la ruta.
Algunos asientos más adelante
me pregunto si todavía sentís miedo,
envuelta en auriculares, sin gestos
que permitan identificar lo que te pasa.
Dentro de dos horas voy a llegar hasta vos
pero no voy a poder verte, como un chico
que se queda dormido
en la mejor parte del viaje.
Ahora caliento agua para té
y olvido lo que conversamos.

    El paraíso está lejos del ala congelada.
    Nos piden calma para situaciones que nunca antes
                                            vivimos.
    Que permanezcamos sentados en los asientos.
    Somos incapaces de otra cosa. Miré tus ojos
    tan de cerca
    que parecían animales cansados bajo una lluvia fría.
    La paciencia de no poder hacer más que esto:
    sostengo tu cabeza      mientras dentro tuyo

*succedono cose che non mi raggiungeranno mai.*
*Ti pronunci contro ogni distorsione.*
*Quando avevo 7 mesi*
*i medici mi tolsero uno degli occhi*
*per operarmi dallo strabismo*
*e persi il senso della distanza.*

pasa algo que nunca va a alcanzarme.
Te pronunciás contra toda distorsión.

Cuando tenía 7 meses
los médicos sacaron uno de mis ojos
para operarme de estrabismo
y perdí el sentido de la distancia.

### *Stelle nel fondo del fiume*

Quel giorno salimmo sulla piramide
perché la guida ci aveva detto che da lì
si poteva vedere il tramonto
– il più felice nelle vostre vite –
quando arrivammo sopra c'era una donna
che aveva preparato tutto    disegnava
l'orizzonte su fogli gialli molto consumati
e li lanciava uno a uno ogni volta che finiva
con tanto impegno che non guardava nessuno
e tutti vedevamo lei
presto il sole smise di calare e cadde la notte
la donna si girò e davanti a noi
stirò la gonna scura con le pieghe
e alcuni capirono e altri si sentirono truffati e altri
più stupidi forse come noi
rimasero a guardare come
cadevano monete sulla sua gonna
che poco a poco si illuminava
stelle nel fondo del fiume

## Estrellas en el fondo del río

Ese día subimos a la pirámide
porque el guía nos dijo que desde ahí
podía verse el atardecer
—el más feliz ocaso de sus vidas—
cuando llegamos arriba había una mujer
montando su negocio    dibujaba
el horizonte en unas hojas amarillas muy gastadas
y las tiraba una a una a medida que terminaba
con tantas ganas que no miraba a nadie
y todos la veíamos a ella
pronto el sol dejó de caer y cayó la noche
la mujer se dio vuelta y frente a nosotros
estiró su pollera oscura con dobladillos
y algunos entendieron y otros se sintieron estafados y otros
más tontos tal vez como nosotros
nos quedamos mirando cómo
caían monedas sobre su pollera
que poco a poco se iluminaba
estrellas en el fondo del río

**Sogno che Allen Ginsberg mi dia la mano
e attraversiamo il mare**

Navigavamo
su zattere
di bambù.
Ci dicevamo
poesie
da zattera
a zattera.
Una conversazione
senza interruzioni.
I tuoi capelli
pieni
di alghe
marine.
La tua barba
o quella di un
pirata
malinconico.
Quando mi sono svegliato
mi ero
fatto la pipì sotto
ed ero
nudo.
Così dev'essere l'odore
del paradiso,
mi sono detto
Odore
di cozza
diceva la mamma.

## Sueño que Allen Ginsberg me da la mano y cruzamos el mar

Navegábamos
en balsas
de bambú.
Nos decíamos
poemas
de balsa
a balsa.
Una conversación
sin interrupciones.
Tu pelo
lleno
de algas
marinas.
Tu barba
o la de un
pirata
melancólico.
Cuando me desperté
me había
hecho pis
y estaba
desnudo.
Así debe oler
el paraíso,
me dije
Olor
a cholga
decía mamá.

## Candido

*Sulla testa di un cavallo morto*
*c'è un fuochino che pare una stella,*
*al passo al trotto al passo.*
*Qualcuno dice*
*queste sono cose che non hai mai scritto prima.*
*Io sono vuoto, vuoto*
*al passo vado al trotto al passo.*
*Il cuore di cavallo non è un faro*
*ma mi guida su questo altopiano.*
*Quando me ne andrò al galoppo, ci sarà una stella per me?*
*E se la stella non c'è o è malata o è già morta,*
*vuol dire che non ci sarà un fuoco per me?*
*La mia testa non ha antenne. Non capto i segnali*
*e sono costretto a fare un lavoro*
*che non mi piace,*
*l'amore non mi sembra più possibile.*

*Corriamo adesso che possiamo!*
*Leviamo in alto le spade per tagliare il cielo!*
*Non importa se una nuvola di polvere ci fa volare la mano.*
*Al passo al trotto al passo. Le spade al cielo,*
*le zampe del mio cavallo galoppano questo deserto*
*e vengo a cercarti.*

# Cándido

Sobre la cabeza de un caballo muerto
hay un fueguito que parece una estrella,
al paso al trote al paso.
Alguien dice
estas son cosas que nunca antes escribiste.
Yo estoy vacío, vacío
al paso voy al trote al paso.
El corazón del caballo no es un faro
pero me guía en este páramo.
Cuando me vaya galopando, ¿habrá una estrella para mí?
Y si esa estrella no está o está enferma o ya murió,
¿eso quiere decir que no va a haber un fuego para mí?
Mi cabeza no tiene antenas. No capto las señales
y estoy obligado a hacer un trabajo
que no quiero,
el amor ya no me parece posible.

¡Corramos ahora que podemos!
¡Levantemos las espadas para cortar el cielo!
No importa si una nube de pólvora nos vuela la mano.
Al paso al trote al paso. Las espadas en el aire,
las patas de mi caballo galopan este desierto
y voy a buscarte.

## *Un campo di fiori*

Mi sono tatuato per venire a vederti
giocare con quel ragazzo che non è tuo fratello
sullo stesso letto dove prima,
molto prima, avevi disegnato un campo
di fiori sulla mia schiena.

Ora è la tua schiena quella che vedo
da un'altra stanza sotto ali enormi
che scuotono la polvere di quella che fu la nostra biblioteca.

È inutile comprare un cuscino nuovo,
girare il materasso, nascondere i dischi
che ascoltavamo in quei giorni
in cui disegnavi campi di fiori e firmavi
con il tuo nome sul mio corpo.

Mi sono tatuato per venire a vederti.
Un campo di fiori sulla mia schiena.

## Un campo de flores

Me tatué para ir a verte
jugar con ese chico que no es tu hermano
sobre la misma cama donde antes,
mucho antes, habías dibujado un campo
de flores en mi espalda.

Ahora es tu espalda la que veo
desde otra habitación bajo unas alas enormes
que sacuden el polvo de la que era nuestra biblioteca.

Es inútil comprar una almohada nueva,
dar vuelta el colchón, esconder los discos
que escuchábamos por esos días
en que dibujabas campos de flores y firmabas
con tu nombre sobre mi cuerpo.

Me tatué para ir a verte.
Un campo de flores en mi espalda.

***Adesso la mia anima canta in un uccello terribile
di questa città***

*alle quattro della mattina i balconi sono chiusi
dentro gli appartamenti ci sono ragazzi e ragazze che piangono
unghie lunghe e curate*

*sono tornato a scrivere poesia ma resto lontano dal mio cuore
ascolto il suo rumorino e sospetto che scintilli da qualche parte
ti chiedo di portarmi fin lì di non lasciare
che io vada solo*

*le strade si attorcigliano
e ho un caleidoscopio nel petto*

*questa è l'unica maniera che conosco di essere triste
una linea lunga accanto a un'altra che non la incontra mai
ma che è piena di nodi*

*il tuo quartiere è molto più lontano
e la tua casa persa nei miei occhi
tutto questo ingoio e allo stesso tempo non ingoio niente
come un buco nero*

*quando finirà la notte
quando il sole apparirà tonto e instancabile
starò a metà cammino
in mezzo a questa selva oscura
e forse per caso ci incroceremo
e mi dirai* ecco qui quello che stavi cercando

*il cuore è un cacciatore solitario*

**Ahora mi alma canta en un pájaro terrible
de esta ciudad**

a las cuatro de la mañana los balcones están cerrados
dentro de los departamentos hay chicos y chicas que lloran
uñas largas y cuidadas

he vuelto a escribir poesía pero sigo lejos de mi corazón
escucho su ruidito y sospecho que chispea en algún lugar
te pido que me lleves hasta ahí que no dejes
que vaya solo

las calles se enredan
y tengo un caleidoscopio dentro del pecho

esta es la única manera que conozco de estar triste
una línea larga junto a otra que no la cruza nunca
pero está llena de nudos

tu barrio queda mucho más lejos
y tu casa perdida dentro de mis ojos
todo me lo trago y al mismo tiempo no trago nada
como un agujero negro

cuando termine la noche
cuando el sol aparezca tonto e incansable
voy a estar a mitad de camino
en medio de esta selva oscura
y tal vez por casualidad nos crucemos
y me digas *acá está lo que andabas buscando*

el corazón es un cazador solitario

# ÍNDICE

Una poética de minúsculas:
*La alegría doméstica de las plantas* de Ezequiel N.     3

*La poesia che mi scriverei se fossi te*     8
El poema que me escribiría si fuera vos     9
*I tatuaggi*     10
Los tatuajes     11
*Eno*     12
Eno     13
*Acqua*     14
Agua     15
*Un fiume artificiale*     16
Un río artificial     17
*Tutte le mattine*     18
Todas las mañanas     19
*into the wildness*     22
into the wildness     23
*Prepara l'insalata*     26
Prepará la ensalada     27
*Giorni fa sono morte le piante del balcone*     28
Hace días murieron las plantas del balcón     29
*uscire dalle poesie d'amore*     32
salir de los poemas de amor     33
*Miyó*     34
Miyó     35
*Doccia*     36

| | |
|---|---|
| Ducha | 37 |
| *Il giardino* | 38 |
| El jardín | 39 |
| *John* | 40 |
| John | 41 |
| *Voi potete finire questa poesia per me* | 42 |
| Ustedes pueden terminar este poema por mí | 43 |
| *Dopo aver camminato per molto tempo* | 46 |
| Después de caminar mucho tiempo | 47 |
| *I miei giorni felici* | 48 |
| Mis días felices | 49 |
| *Koan zen* | 52 |
| Koan zen | 53 |
| *Rifugio* | 56 |
| Refugio | 57 |
| *Distorsione* | 58 |
| Distorsión | 59 |
| *Stelle nel fondo del fiume* | 62 |
| Estrellas en el fondo del río | 63 |
| *Sogno che Allen Ginsberg mi dia la mano e attraversiamo il mare* | 64 |
| Sueño que Allen Ginsberg me da la mano y cruzamos el mar | 65 |
| *Candido* | 66 |
| Cándido | 67 |
| *Un campo di fiori* | 68 |
| Un campo de flores | 69 |
| *Adesso la mia anima canta in un uccello terribile di questa città* | 70 |
| Ahora mi alma canta en un pájaro terrible de esta ciudad | 71 |

LA ALEGRÍA DOMÉSTICA DE LAS PLANTAS | EZEQUIEL N.

*Made in Miami Beach - Printing as needed*

2025

www.ingramcontent.com/pod-product-compliance
Lightning Source LLC
Chambersburg PA
CBHW030051100426
42734CB00038B/1091